Fleurs Et Plantes
Livre De Coloriage Pour Adulte

Droits D'auteur © BR Famille heureuse Éditeur

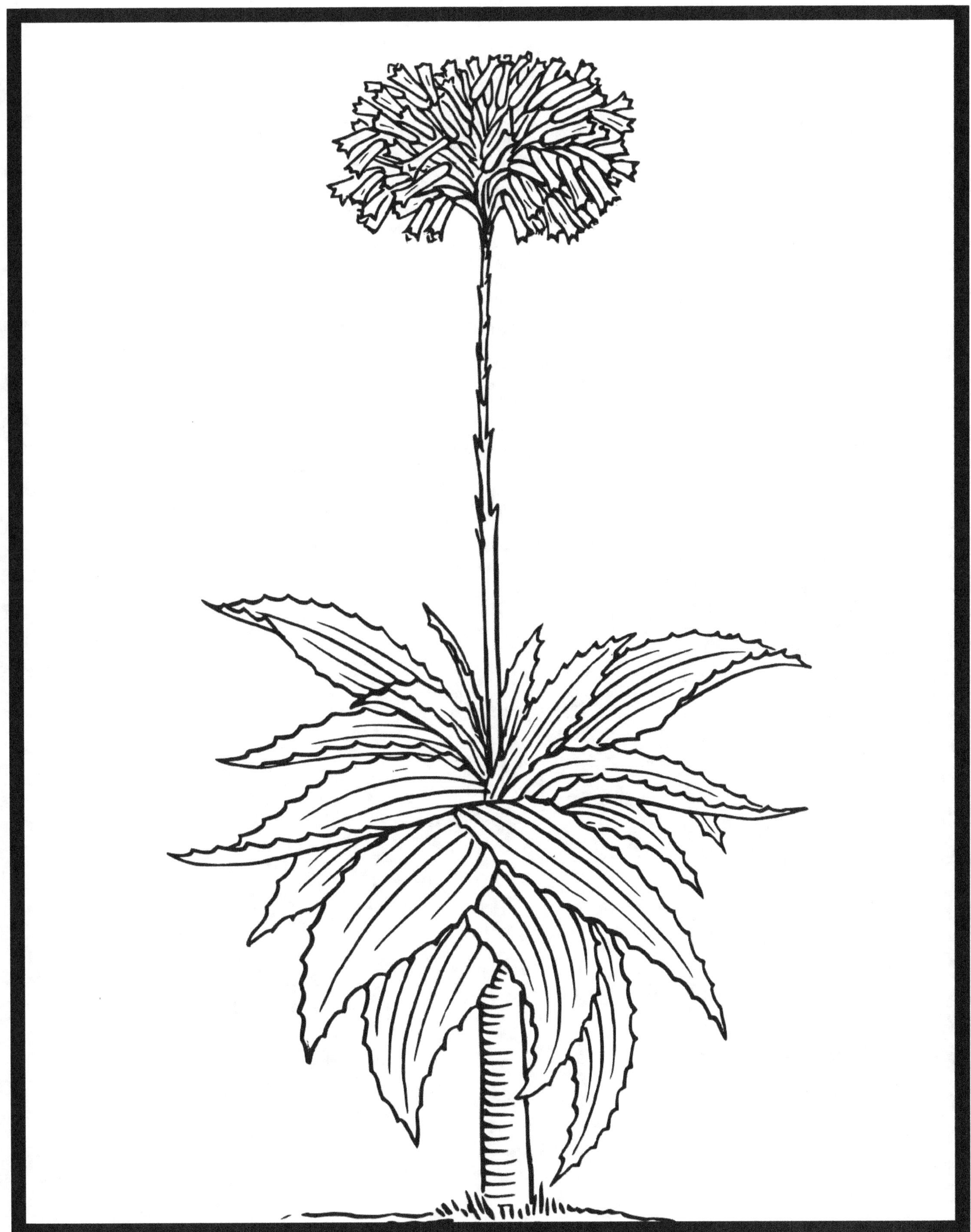

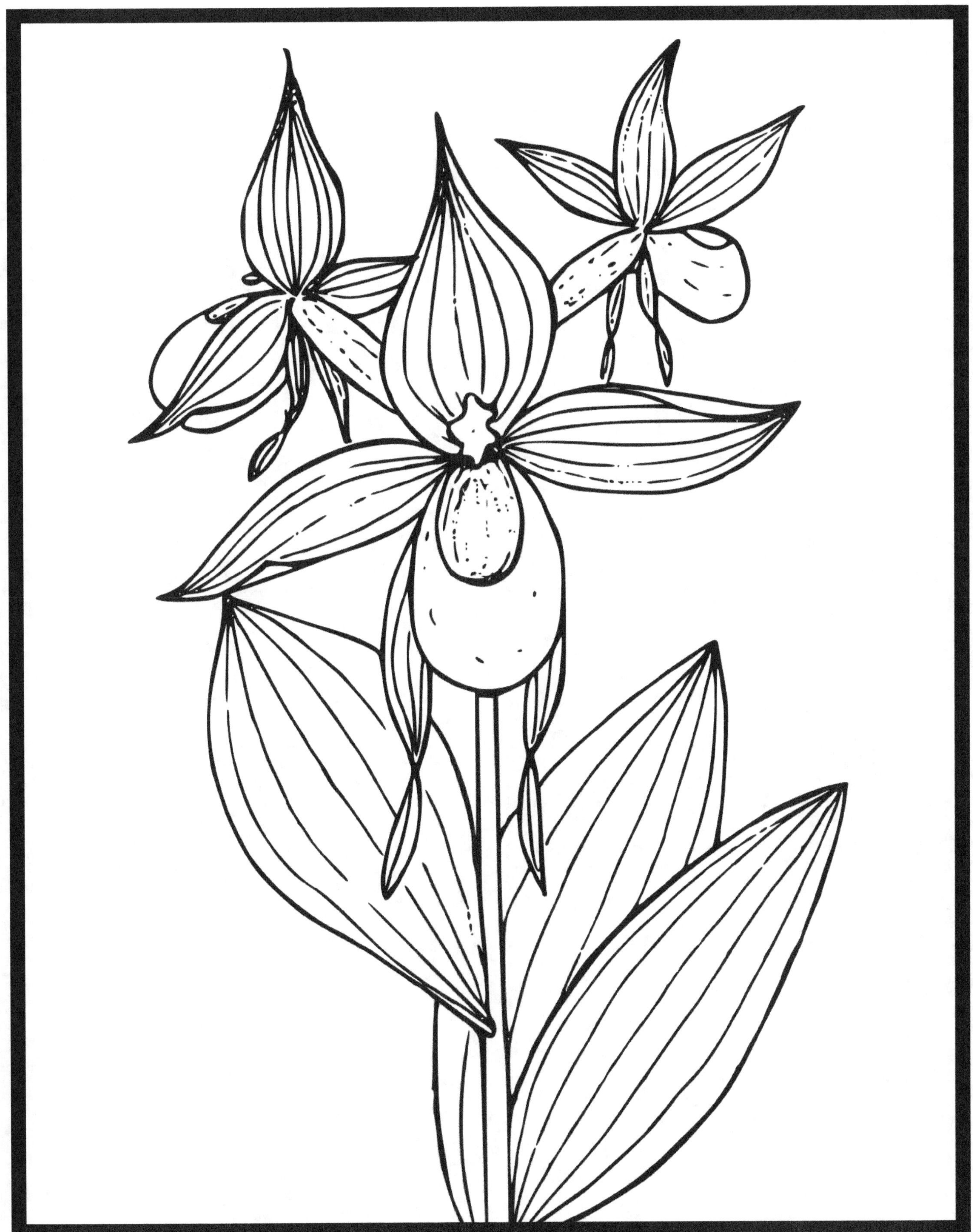

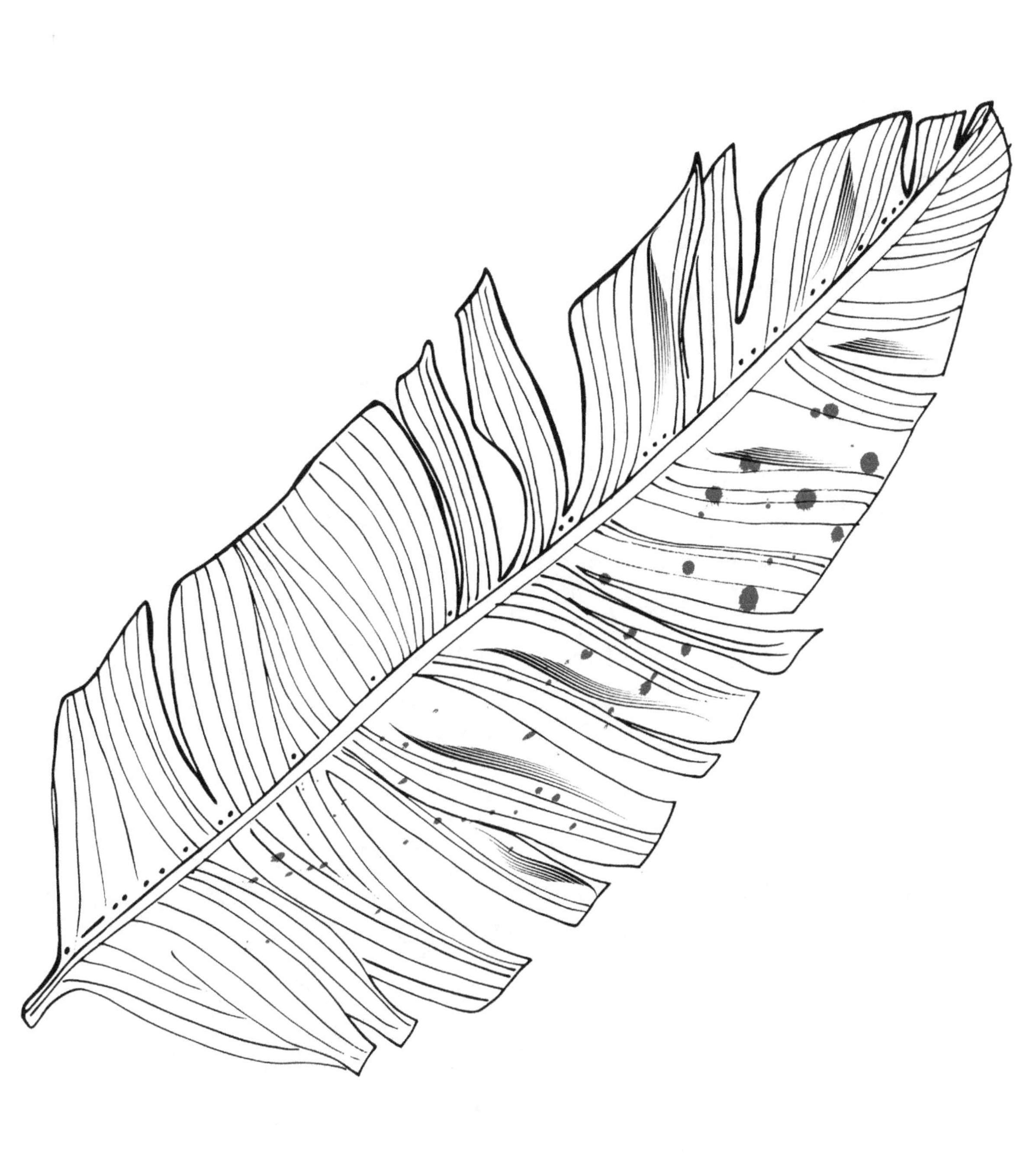

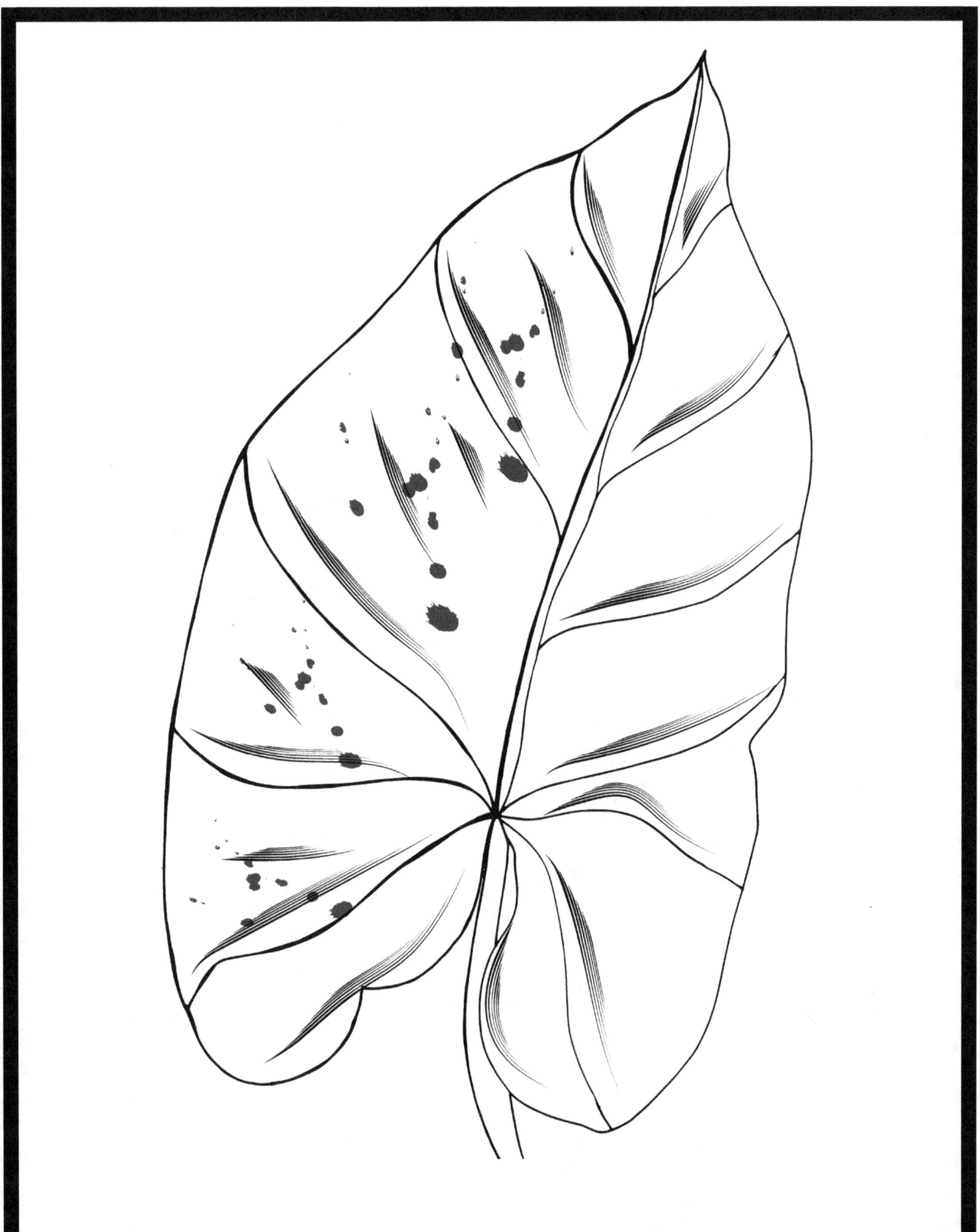

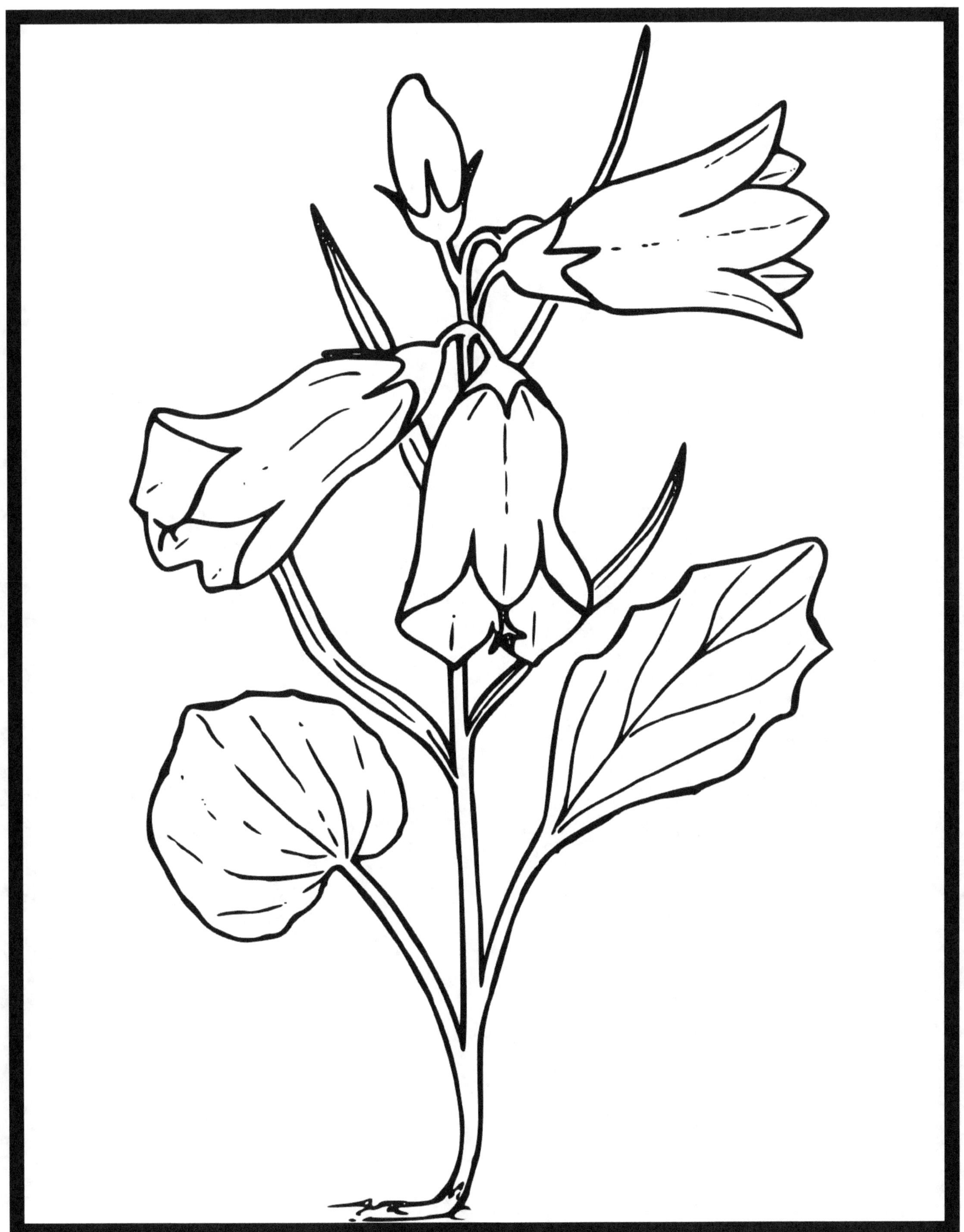

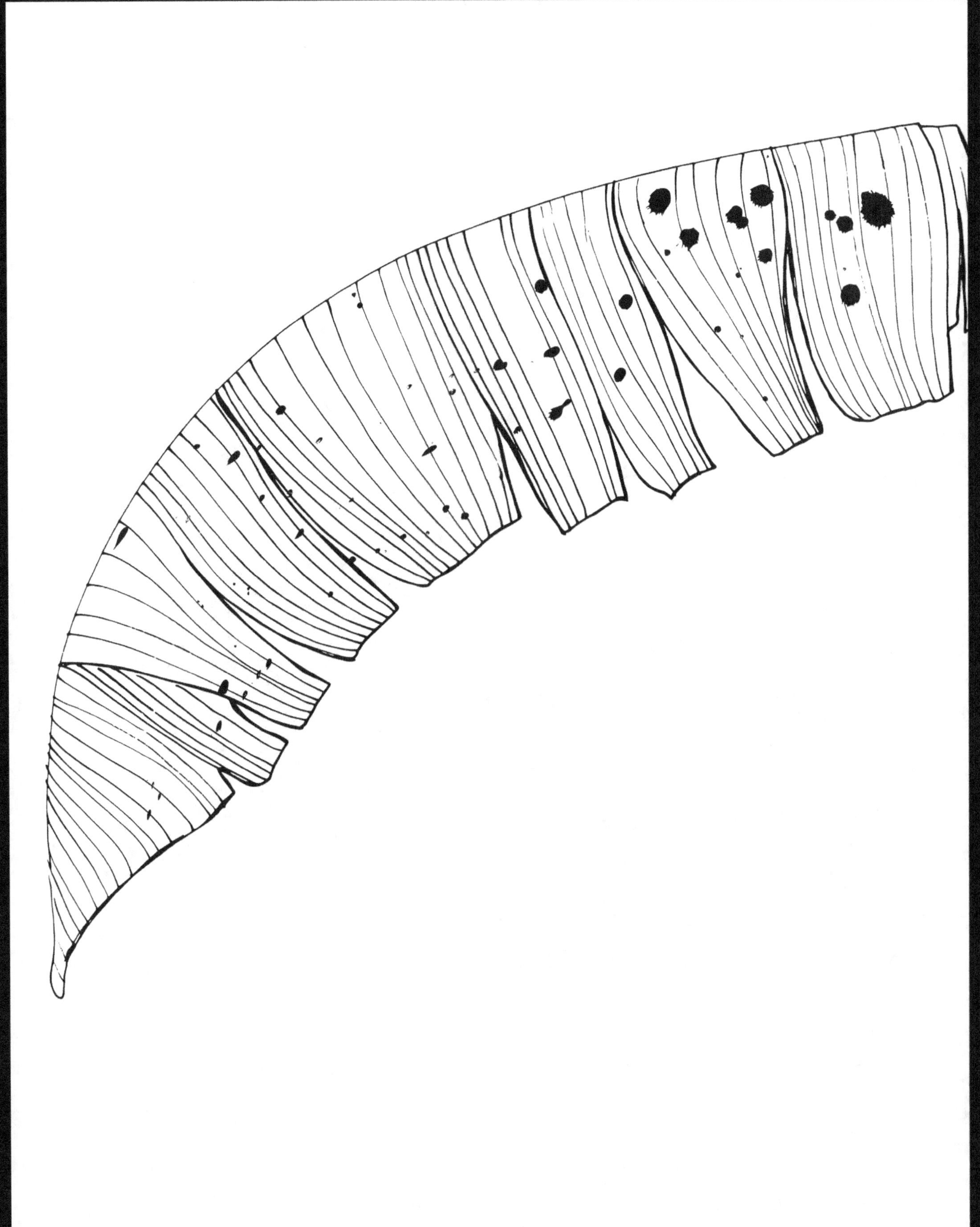

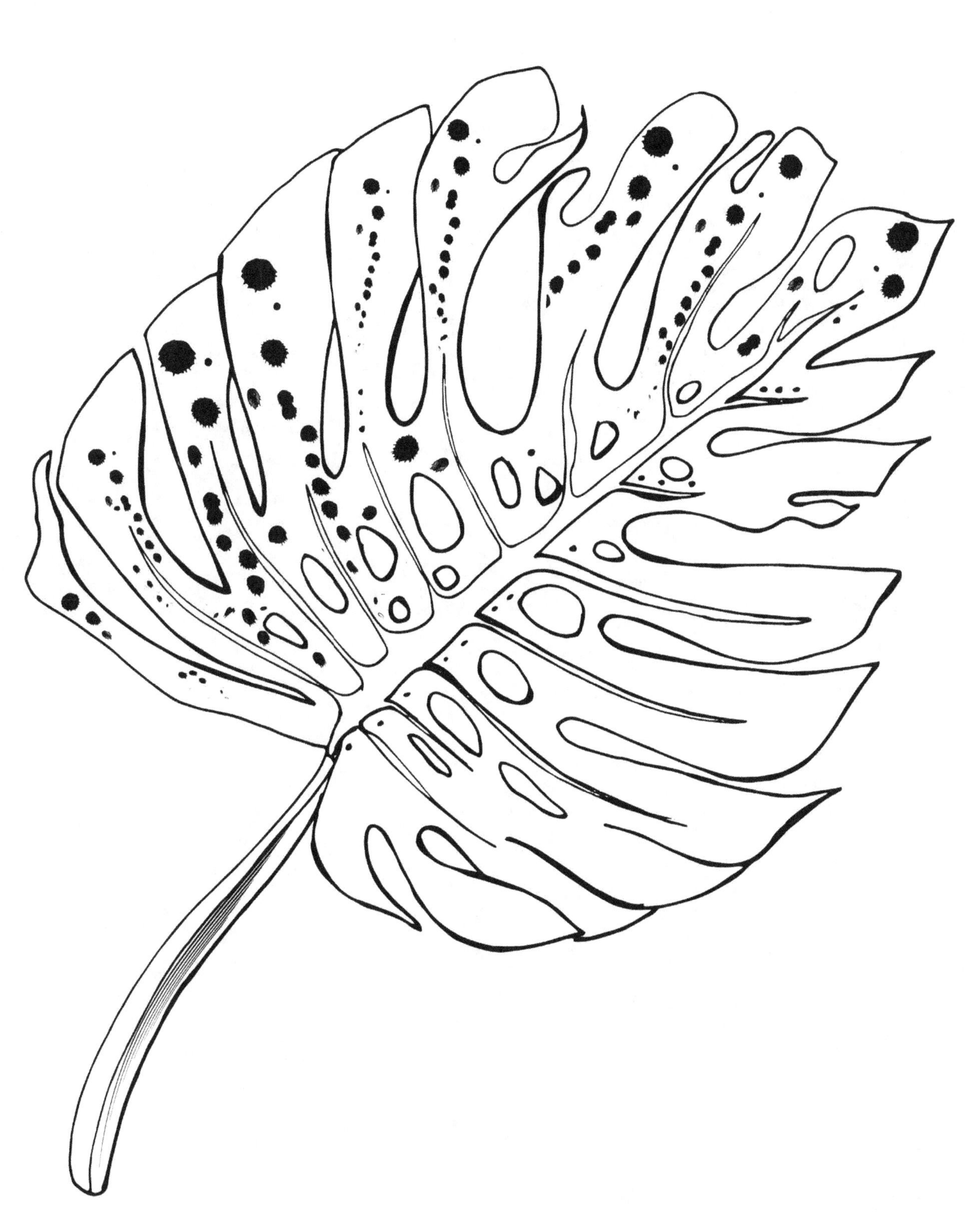

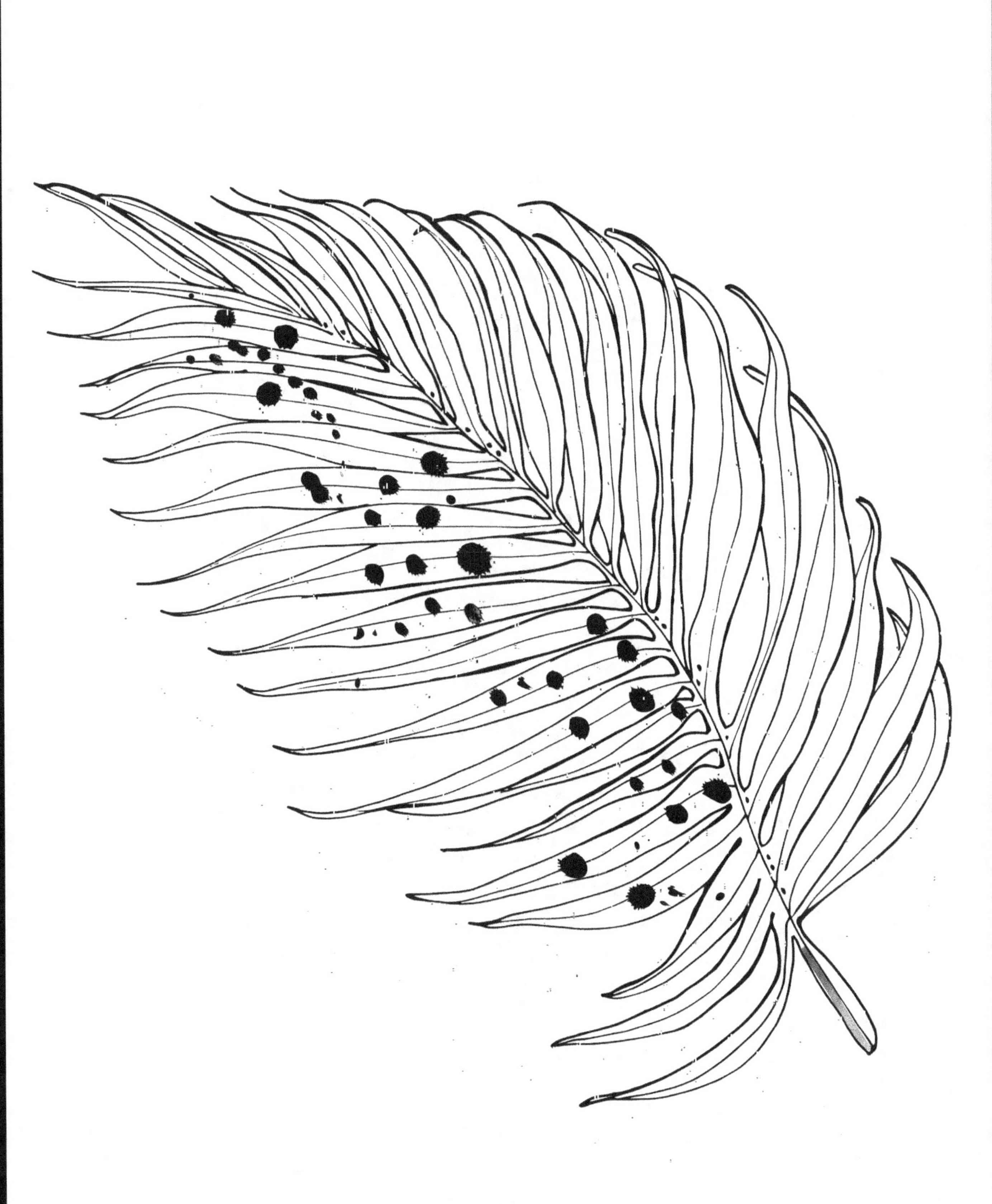